친구 문제로 마음이 흔들리는 어린이들에게

 우리는 누구나 살면서 다른 사람과 관계를 맺고 살아요. 친구, 가족, 이웃 등 여러 관계로 연결되어 있어요. 그 관계 덕분에 웃기도 하고, 관계 문제로 울기도 해요. 그래서 좋은 관계를 만들어 나가는 일은 무척 중요하답니다.

 어린이는 학교생활을 시작하면서 가족끼리 주고받은 정서적인 교류를 넘어 새로운 친구 관계를 경험해요. 그러면서 마음에 친구의 자리가 점점 커져요. 깊고 의미 있는 관계를 만들고 싶지만 그 과정은 이제 막 시작한 걸음마처럼 서툴러요. 그래서 상처 주기도 하고 상처

입기도 쉽지요. 때로는 그 상처가 깊어 어른이 될 때까지 두려움을 품기도 해요.

그렇기에 친구 문제로 흔들리는 어린이들에게 도움이 될 수 있는 내용을 담고 싶었어요. 내 마음을 살피고 다른 사람의 입장을 생각하며 좀 더 건강하게 친구 관계를 이어 갈 수 있는 방법들로 채우려 노력했어요.

물론 이 책에서 친구 관계에 관한 문제에 답을 알려 주는 건 아니에요. 친구 관계에 정답이 있을 수 없고요. 하지만 이 책을 통해 '나랑 비슷한 고민을 겪은 다른 친구들은 이렇게 했구나.' 하는 걸 알 수 있을 거예요. 그 생각만으로도 마음을 다독이는 연습이 될 테고요.

이런 연습을 통해 자신을 표현하고 다른 사람과 의견을 나누며 친구 관계에 자신감을 얻길 바랄게요. 더불어 어린이들의 삶이 아름답고 따뜻한 인간관계들로 채워지기를 늘 응원할게요!

김은지

친구 관계, 이렇게 연습해요!

1. 친구들의 일상 들여다보기

만화를 통해 등장인물들의 고민을 들여다봐요.

이거 완전 내 얘기 같아.

2. 마음을 챙겨요

어떤 고민이 있더라도 이곳에서 따뜻한 위로를 받을 수 있어요.

고민해도 괜찮아!

3. 마음 체크

이야기의 주인공과 같은 고민을 할 때 기분이 어땠나요? 자신의 마음을 한 번 더 체크해 봐요.

솔직하게 내 마음 체크하기!

 새 학년이 될 때마다 친구 사귀기 너무 힘든데 어떻게 하면 빨리 친해질 수 있을까?

은비는 낯선 친구들 앞에서 무척 긴장하는구나. 새로운 환경 앞에선 누구나 긴장하기 마련이야. 어린이뿐만 아니라 어른도 마찬가지지. 새 학년마다 한동안은 긴장돼서 잠도 잘 안 오고 실수도 잦다고 고민을 털어놓는 친구들이 꽤 있어.

새 학년에 올라가면 우선 교실을 쭉 둘러봐. 아마 너 말고도 긴장한 아이들이 많을 거야. 친구가 반응 없을까 봐 아예 먼저 말 걸지 않는 아이도 있고, 속으로 생각만 많아서 미처 말을 꺼내지 못하는 아이도 있을걸. 그런 아이들은 친구들과 천천히 관계를 쌓아 가. 친숙해지는 데에 저마다 속도가 다르거든.

그래도 낯선 친구들 사이에서 긴장되는 느낌이 너무 괴롭다고? 무조건 대화에 껴야 한다는 부담은 내려놓고 스스로를 믿자. 조금 익숙해지면 자연스럽게 친해질 수 있을 거야.

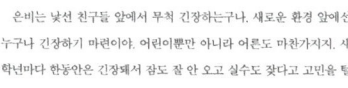 처음 만나는 친구 앞에서 내 모습은?
☐ 눈도 못 마주치고 딴 곳만 본다.
☐ 어떻게 반응해야 할지 몰라 허둥댄다.
☐ 엉뚱한 말이 튀어나온다.

 빨리 친구를 사귀지 못할까 봐 불안해하지 마. 우선 친구들 이야기에 집중해 보면 어떨까?

빨리 친해지지 않으면 소외될 것 같고 불안하니? 그럴 땐 네 마음속 불안부터 다독여야 해. 심호흡하고 친구들 이야기를 듣는 쪽에 집중해 볼래? 그러다 보면 네가 관심 있어 하는 이야기도 나올걸? 그때 맞장구치며 천천히 대화에 참여하면 돼. 잘 관찰하다 보면 너랑 성격이 맞는 친구도 발견하게 될 거야.

4. 고민 해결을 위한 솔루션!

마음만 토닥이는 걸로는 해결되지 않는다고요? 어떻게 생각하고 행동하면 좋을지 조언해 줄게요.

고민만 쌓지 말고 이렇게 해 보자!

5. 같은 상황 다른 모습

만화 속 주인공이 어떻게 고민을 해결하는지 확인해요!

반전 결말! 이불 킥 말고 이제 고민 킥!

차례

작가의 말 • 2
친구 관계, 이렇게 연습해요! • 4
함께 고민을 나눌 친구들을 소개합니다! • 8

1장 친구 사귀기 어려워요

1. 친구에게 다가가지 못하겠어요 • 12
2. 친구들이 나와 놀아 주지 않아요 • 16
3. 친구들이 나를 싫어하는 것 같아요 • 20
4. 먼저 다가왔던 친구도 금방 떠나가요 • 24
5. 친구들 노는 데 끼지 못하겠어요 • 28
6. 나만 단짝 친구가 없어요 • 32

2장 친구 때문에 속상해요

1. 친구가 제 욕을 하고 다녀요 • 38
2. 단짝 친구가 절교하자고 했어요 • 42
3. 친구들이 나를 만만하게 생각해요 • 46
4. 친구가 내 비밀을 다른 아이에게 소문냈어요 • 50
5. 친구에게 항상 나만 양보하는 것 같아요 • 54
6. 친구가 장난치는 걸 못 참겠어요 • 58

3장 친구에게 너무 매달리게 돼요

1. 내 단짝이 다른 친구랑 놀면 너무 싫어요 · 64
2. 답장을 늦게 하는 친구가 너무 신경 쓰여요 · 68
3. 친구가 어디서 뭐 하는지 모르면 답답해요 · 72
4. 친구에게 뭐든 다 주고 싶은데 친구가 부담스러워해요 · 76
5. 친구와 멀어지는 것 같아 불안해요 · 80
6. 다른 일보다 친구가 하자고 하는 일이 더 중요해져요 · 84
7. 그 친구랑 사귀고 싶어서 거짓말까지 하게 돼요 · 88

4장 친구를 사귀고 싶지 않아요

1. 혼자 노는 게 제일 편해요 · 94
2. 친구들 행동이 이해가 안 갈 때가 있어요 · 98
3. 어른들이 자꾸 친구와 어울리라고 강요해서 짜증 나요 · 102
4. 여러 친구랑 어울리는 건 너무 힘들어요 · 106
5. 너무 적극적인 친구는 부담스러워요 · 110
6. 내가 좋아할 만한 친구가 없어요 · 114

등장 인물

함께 고민을 나눌 친구들을 소개합니다!

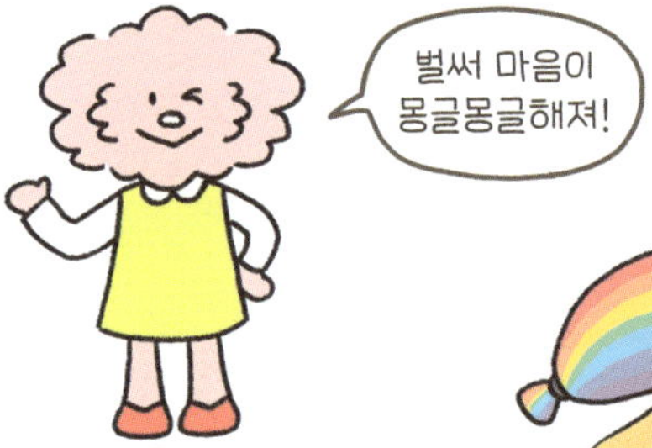
벌써 마음이
몽글몽글해져!

뭉게

애교가 퐁퐁 뭉게구름

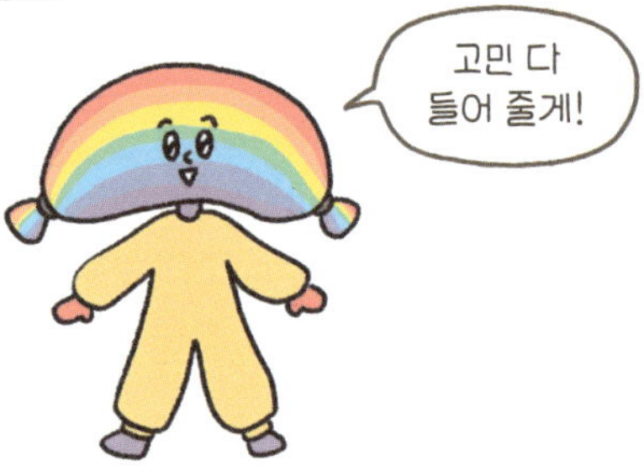
고민 다
들어 줄게!

달록

흥 많고 정 많은 무지개

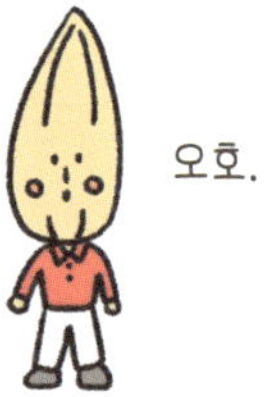
오호.

꼬미

작아도 야무진 씨앗

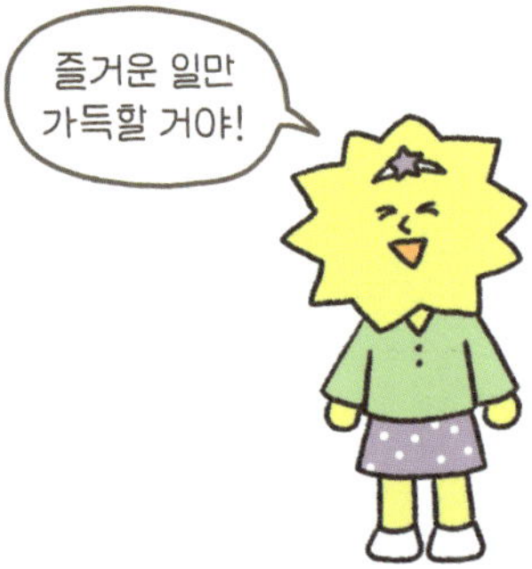
즐거운 일만
가득할 거야!

별난

배려가 빛나는 작은 별

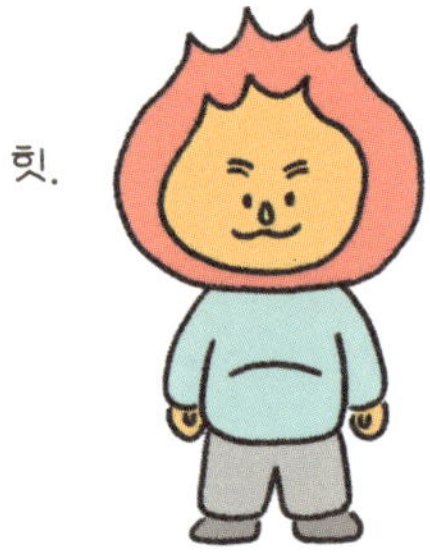
힛.

멍이

겉과 달리 소심한 불덩이

1장

친구 사귀기 어려워요

1
친구에게 다가가지 못하겠어요

마음을 챙겨요

새 학년이 될 때마다 친구 사귀기 너무 힘든데 어떻게 하면 빨리 친해질 수 있을까?

　은비는 낯선 친구들 앞에서 무척 긴장하는구나. 새로운 환경 앞에선 누구나 긴장하기 마련이야. 어린이뿐만 아니라 어른도 마찬가지지. 새 학년마다 한동안은 긴장돼서 잠도 잘 안 오고 실수도 잦다고 고민을 털어놓는 친구들이 꽤 있어.

　새 학년에 올라가면 우선 교실을 쭉 둘러봐. 아마 너 말고도 긴장한 아이들이 많을 거야. 친구가 반응 없을까 봐 아예 먼저 말 걸지 않는 아이도 있고, 속으로 생각만 많아서 미처 말을 꺼내지 못하는 아이도 있을걸. 그런 아이들은 친구들과 천천히 관계를 쌓아 가. 친숙해지는 데에 저마다 속도가 다르거든.

　그래도 낯선 친구들 사이에서 긴장되는 느낌이 너무 괴롭다고? 무조건 대화에 껴야 한다는 부담은 내려놓고 스스로를 믿자. 조금 익숙해지면 자연스럽게 친해질 수 있을 거야.

마음 체크 처음 만나는 친구 앞에서 내 모습은?

☐ 눈도 못 마주치고 딴 곳만 본다.
☐ 어떻게 반응해야 할지 몰라 허둥댄다.
☐ 엉뚱한 말이 튀어나온다.

 **빨리 친구를 사귀지 못할까 봐 불안해하지 마.
우선 친구들 이야기에 집중해 보면 어떨까?**

빨리 친해지지 않으면 소외될 것 같고 불안하니? 그럴 땐 네 마음속 불안부터 다독여야 해. 심호흡하고 친구들 이야기를 듣는 쪽에 집중해 볼래? 그러다 보면 네가 관심 있어 하는 이야기도 나올걸? 그때 맞장구치며 천천히 대화에 참여하면 돼. 잘 관찰하다 보면 너랑 성격이 맞는 친구도 발견하게 될 거야.

2

친구들이 나와 놀아 주지 않아요

— 꼬미

멍이야, 어제 게임 아바타 아이템 새로 샀더라?

하태야, 봤어? 멋지지?

키키키.

멍이야, 나도 보여 줘. 아바타 아이템 어떤 거 샀는데? 그게 얼마야?

아, 그런 게 있어.

넌 게임 안 해서 모르잖아!

하태야, 내가 만든 게임 해 볼래?

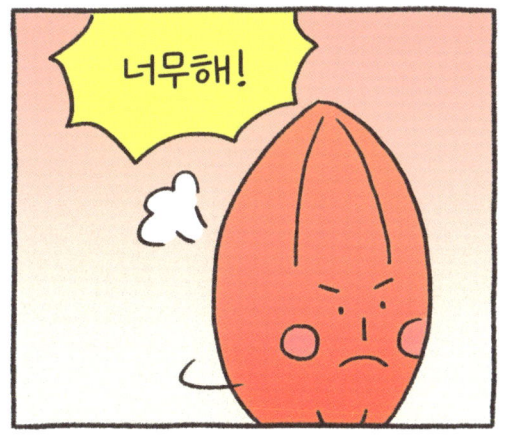

마음을
챙겨요

친구들이 놀이에 껴 주지 않아 화가 난 꼬미, 어떻게 마음을 다독이면 좋을까?

　꼬미의 마음이 너무 상했겠다. 꼬미는 재미있어 보이니까 구경하고 싶던 것뿐인데 생각처럼 안 됐네. 친구들은 꼬미가 게임을 하지 않으니 말이 안 통한다고 생각한 것 같아.

　한 반엔 다양한 관심사를 가지고 있는 여러 명의 아이들이 모여 있다 보니 너랑 같은 취미를 가진 친구도 있고 아닌 친구도 있어. 처음엔 같은 취미를 가진 친구들끼리 뭉치게 돼. 그러다가 다른 친구의 취미를 배워 보기도 하고, 내 취미를 같이하기도 하면서 친구 관계가 넓어져.

　그런데 멍이랑 하태처럼 가림막을 치며 "넌 모르잖아." 하고 밀어내는 행동은 친구를 배려하지 못한 행동 같아 조금 아쉽네. 이럴 땐 마음속으로 질문해 봐. 평소 관심 없던 취미를 배워 가면서까지 친해지고 싶은지, 아니면 그렇게까지 해서 친해지고 싶은 건 아닌지 말이야. 마음을 정할 때 도움이 될 거야.

마음 체크 친구가 노는 데 잘 끼워 주지 않을 때 내 반응은?

☐ 그 친구들이 즐기는 놀이를 배워 와서 같이 놀고 싶어진다.
☐ 끼워 주지 않은 친구가 미워서 절대 같이 안 논다.
☐ 다시는 그 친구들이 하는 놀이를 하지 않는다.

 친구들이 밀어낼 때는 굳이 끼지 말고 잠시 떨어지자. 다음번에 함께 놀지 말지는 너의 선택이야!

친구들이 어느 한 놀이에 너무 몰입할 때 그 놀이를 처음 하는 친구는 잘 안 끼워 주려고 할 때가 있지? 그럴 땐 잠시 물러나서 다른 친구들이랑 다른 놀이를 하면서 노는 것도 방법이야. 그러다 보면 새로운 재미를 찾을 수도 있어. 꼭 그 놀이를 함께하고 싶다면 따로 연습을 해서 다음번에 같이 노는 방법도 있어. 그건 너의 선택이란다!

3
친구들이 나를 싫어하는 것 같아요

마음을 챙겨요

친구들이 자기를 싫어한다고 느낀 그루, 과연 친구들도 그렇게 생각할까?

그루가 이번 일로 상처 받았나 보네. 친구들한테 다가갔을 때 피하듯 흩어져 버려서 자기를 싫어한다고 생각했겠지? 하지만 상황을 잘 떠올려 보면, 그저 때가 잘 맞지 않았을 뿐이야.

물론 정말 사이가 안 좋거나 잘 안 맞아서 그럴 때도 있겠지만, 친한 친구들 사이에서도 종종 이런 기분을 느낄 수 있어. 그런데 진짜로 친구가 너를 싫어해서 그렇게까지 했을까? 그냥 그날 상황이 그랬거나 친구 기분이 안 좋아서 그랬을 수 있잖아.

친구들이 네 기분을 공감하지 못하거나 상황이 엇갈릴 때마다 '날 싫어하는 건 아닐까.' 하고 생각하면 마음이 너무 괴로울 거야. 어떤 상황을 볼 때 네 감정을 체크하는 건 좋지만, 감정에만 의지해서 상황을 판단하지 않는 것도 중요해.

마음 체크 친구들이 나를 싫어한다고 느낄 때는?

☐ 내 이야기를 듣고 무시할 때
☐ 내 인사를 받아 주지 않을 때
☐ 내가 제안한 놀이를 하지 않을 때

 **친구 마음을 섣불리 짐작하지 말자.
모르고 있던 사정이나 상황이 있을 수 있어.**

이런 문제를 무조건 감정적으로 바라보면 마음이 걷잡을 수 없게 무너져. 그럴 때 상황을 한번 되짚어 보자. 예를 들어 괜히 퉁명스럽게 대답하는 친구를 보면서 '엄마한테 혼났나? 형이랑 싸웠나?' 하고 친구에게 있을 법한 이유를 생각하는 거야. 이런 생각을 하는 것만으로도 마음을 다독일 수 있어. 그다음 상대방에게 직접 물어보는 것도 방법이지.

먼저 다가왔던 친구도 금방 떠나가요

마음을 챙겨요

꼬미처럼 망설이다 오해를 사고 싶지 않을 땐 뭐라고 말하면 좋을까?

꼬미는 친해진 지 얼마 안 된 친구들이 자기를 어떻게 생각할지 몰라서 자꾸 멈칫하게 된 듯해. 혹시 너도 꼬미처럼 친구 눈치를 보며 망설인 적 있었어?

그런 행동은 오해를 살 수 있어. 대답도 잘 안 하고 난감한 표정을 하고 있는 널 본 친구들 입장에서는 '우리랑 함께 노는 게 불편한가 봐.' 하고 생각할 수도 있잖아.

그렇다고 친구의 기분에만 억지로 맞출 순 없어. 우린 상대방이 원하는 걸 꿰뚫는 초능력도 없고, 남에게 모든 걸 맞춘다고 좋은 관계로 이어지는 것도 아니거든. 내 기분과는 상관없이 상대방 말만 따르다 보면 말도 행동도 부자연스러울 수밖에 없고.

모든 일에 속마음을 그대로 꺼내긴 어려우니까 10번 중 7번은 솔직하게 마음을 표현하면 좋지 않을까? 그걸 이해하고 인정해 주는 친구가 너에게 좋은 친구가 될 수 있을 거야.

마음 체크 친하게 지내자는 친구 앞에서 망설일 때 내 속마음은?

☐ 내 말과 행동이 상대방에게 어떻게 보일지 신경 쓰인다.
☐ 내가 좋아하는 게 친구랑 맞지 않을까 봐 걱정된다.
☐ 나를 알게 되면 친해지고 싶은 마음이 사라질까 봐 조심스럽다.

 **친구가 좋아할 반응만 살피지 말고
마음을 솔직하면서도 부드럽게 표현하는 연습을 해 보자.**

사람과 사람 관계에서 어느 한쪽만 맞춰야 한다면 관계를 이어 가기 힘들어. 그러니 친구와 대화할 때에는 두 가지를 기억해 줘. 먼저 스스로 솔직한 마음을 체크해. 그다음 친구의 마음이 불편해질까 걱정되더라도 솔직하게 표현하는 거야. 물론 되도록 말투나 표현은 부드럽게! "미안한데, 그거 말고 난 지금 OOO하고 싶어." 같은 방식으로 말이야.

친구들 노는 데 끼지 못하겠어요

 마음을 챙겨요

머뭇거리다 놀 기회를 놓쳐 속상한 바우는 어떻게 하면 자신감을 얻을까?

바우가 신중한 성격인가 보네. 행동으로 옮기기 전에 먼저 충분히 고민할 시간이 필요하구나. 어쩌면 축구를 자주 즐기진 않아서 자신감이 없었을지도 모르겠네.

평소에 하던 놀이는 아닌데 한번쯤 해 보고 싶다는 생각이 들 때가 있지? 활달한 친구들은 "나도 할래!" 하고 금방 놀이에 참여하는데 신중하게 접근하는 친구들은 머뭇머뭇하다가 기회를 놓치기도 할 거야.

그럴 때 '나는 왜 이렇게 느릴까?' 하고 스스로 자책하기도 하니? 속상하겠지만 그런 성격을 단점이라고만 생각할 필요는 없어. 어느 순간에는 그 성격이 장점이 될 수도 있거든. 보드게임이나 종이접기 같은 놀이에서는 차분한 성격이 유리할 수도 있잖아. 그러니 너무 속상해하지 말자.

마음 체크 친구들의 놀이에 끼지 못할 때 드는 생각은?

☐ 친구들 노는 모습을 지켜보기만 하려니 아쉽다.
☐ 다른 친구들처럼 적극적이지 못해 답답하다.
☐ 내가 잘 못하는 놀이니까 어쩔 수 없다고 생각한다.

 **좀 느릴 수도 있고 좀 성급할 수도 있어.
자기 성격에 맞게 놀이에 낄 수 있는 기회를 잡아 보자.**

'왜 나는 친구들 노는 데 잘 끼지도 못할까?' 하고 움츠러들면 마음만 조급해질 거야. 모두 다 완벽해야 한다는 생각에 사로잡혀 있으면 무척 힘들어져. 자기를 존중하는 마음이 자꾸 작아질 수 있고. 네가 뭘 잘하는지 파악해 보고 친구들이 어떤 놀이를 하는지도 잘 관찰해 봐. 그렇게 천천히 다가가도 돼.

나만 단짝 친구가 없어요

마음을 챙겨요

그루는 늘 옆에 있어 주는 소중한 단짝을 어디서 찾을 수 있을까?

그루가 좀 외로운 날이었나 보네. 다른 친구들이 단짝 친구를 살뜰히 챙겨 주는 모습에 부럽고 쓸쓸했어?

사실 친구 사이가 단짝이 되기까지는 오랜 시간이 필요해. 마음이 잘 맞는다는 걸 알기까지 함께 놀고, 이야기하고, 때로는 싸우고 화해하면서 시간을 보내야 하거든. 이 넓은 세상에서 단번에 찰떡같이 맞는 친구를 찾는 게 아니라 서로 좋아하는 친구와 하나둘 맞춰 가는 거야.

그러니까 지금 당장 단짝이라고 말할 친구가 없더라도 속상해하거나 불안해하지 않아도 돼. 조금 둘러보면 너랑 대화도 잘 통하고 좋아하는 것도 잘 맞는 친구들이 있을 거야. 그중에서 아주 소중한 단짝 친구가 생길 수도 있어. 그러니까 너무 급하게 생각하지 말고 주변 친구들이랑 즐겁게 우정을 나누는 시간을 가져 보길 바랄게.

마음 체크 단짝 친구끼리 함께 다니는 모습을 봤을 때 속마음은?

☐ 너무너무 부럽다.
☐ 둘만 친한 걸 보면 괜히 심통이 난다.
☐ 중요한 게 없는 듯 마음이 허전하다.

 **단짝 친구를 만들 때에는 노력과 시간이 필요해.
가깝게 지내는 친구들과 조금씩 우정이 깊어지는 경험을 쌓자!**

간혹 "오늘부터 우리 단짝 할래?" 하고 말한 다음 바로 단짝이 됐다고 하는 친구들도 있어. 그런데 그 둘도 진짜 단짝이 되기 위해선 꼭 거쳐야 하는 단계가 있어. 바로 '신뢰 쌓기'야. 자기 방식만 고집하지 않으려 노력하기, 배려하려고 노력하기, 가끔 다퉈도 이해하려고 노력하기 등은 친구끼리 믿음을 쌓는 방법이야. 이런 경험이 많이 쌓이면 그때 비로소 진짜 단짝이 될 수 있어.

2장
친구 때문에 속상해요

1

친구가 제 욕을 하고 다녀요

 마음을 챙겨요

자신의 험담을 전해 들은 뭉게는 이 상황을 어떻게 헤쳐 나가야 할까?

뭉게가 정말 당황스러웠겠다. 서운하기도 하고 화도 났을 거야. 이런 마음이 드는 건, 뭉게한테 새미가 무척 소중했다는 뜻이기도 해.

속상한 감정은 잠깐 내려놓고, 이 상황을 한 번 더 생각해 보자. 뭉게는 그 말을 새미에게 직접 들었니? 아니지, 하태한테 전해 들었어. 그럼 새미가 어떤 뜻으로 그런 말을 했는지 사실은 잘 모르네. 충분히 오해할 수 있는 상황이야.

만약 너에게 이런 일이 생겼을 때 가장 먼저 해야 할 일은 화가 나서 흥분한 마음을 가라앉히는 거야. 물론 힘들지. 너무너무 화가 나 있을 테니까. 진짜로 험담을 했다는 말을 들을까 봐 두려운 마음이 들기도 할 거야. 그렇다고 오해했을 가능성이 있는데 사실도 모른 채 친구를 잃을 순 없지 않아? 그러니 힘들겠지만 꼭 직접 물어보자.

마음 체크 친구가 내 험담을 했다는 걸 알게 됐을 때 속마음은?

☐ 그 친구 얘긴 들어 볼 필요도 없다고 생각한다.
☐ 친구들 앞에서 큰 소리로 따지고 싶다.
☐ 너무 속상해서 울고만 싶다.

 **직접 들은 게 아니라면 화부터 내지 말고
친구를 믿어 주는 마음으로 대화를 시작하자.**

그동안 친구와 쌓아 왔던 우정이 있으니 그 친구에게 기회를 주자. 친구와 대화를 시작하기 전에는 마음속에서 친구가 나쁜 말을 했다는 생각은 잠시 지워야 해. 아직 사실을 확인한 건 아니니까. 전해 들은 이야기만 믿고 화난 상태로 대화를 시작한다면 싸울 가능성이 높겠지? 정 어렵다면 문자나 편지로 해도 괜찮아.

단짝 친구가 절교하자고 했어요

마음을 챙겨요

갑작스러운 절교 선언에 당황한 달록이는 어떻게 상처를 극복할 수 있을까?

절교라는 단어를 듣고 달록이가 많이 놀라고 상처 받았구나. 별난이는 달록이랑 댄스 학원 다니는 시간이 무척 소중하고 재미있었나 봐. 그러다 보니 서운한 감정을 강하게 표현한 거지. 그렇다고 해도 절교라는 단어는 쓰지 않았으면 좋았을 텐데. 상대방을 너무 속상하게 하는 말이잖아.

절교가 그렇게 쉬운 일이 아닌데, 친구들 중에는 화가 났을 때 "너랑 절교야!"라고 말해 버리는 경우가 있더라. 이 말을 들었을 때에는 '절교'라는 단어에 너무 상처 받지 말고, 상황을 되짚어 보기로 해. 너와 있던 일에서 어떤 과정을 거쳐 그 말이 나왔는지 말이야.

여기서 조심할 게 있어. 공격적인 말에 너도 덩달아 공격적인 말로 되갚지 말아야 해. 그러면 서로 감정만 상해서 다투고 말지. 홧김에 말하면 후회하니까 차분하게 대화로 풀면 좋겠어.

마음 체크 친구에게 절교하자는 말을 들었을 때 기분은?

☐ 학교에 가서 다시는 알은척하지 않겠다고 다짐했다.
☐ 외톨이가 될 것 같아 학교에 가기가 두려웠다.
☐ 당장 찾아가서 따지고 싶을 정도로 화가 났다.

 절교라는 말만 떠올리며 감정을 키우기보다는 어떤 상황에서 나온 말인지 떠올려 보고 천천히 대화하자.

친구한테 화가 난 이유를 물었을 때 바로 그 이유를 들을 수 있다면 금방 오해를 풀 수 있을 거야. 하지만 친구가 막무가내로 절교하자는 말만 하고 있다면, "네가 대화할 준비가 됐을 때 다시 얘기하자."라고 말하고 나서 조금 기다려 주자. 기다려도 똑같은 상황이라면? 그땐 그 친구와 너의 관계를 다시 생각해야겠지. 하지만 정말 널 소중하게 생각한 친구라면 마음을 가라앉히고 나서 대화할 거야.

친구들이 나를 만만하게 생각해요

마음을 챙겨요

무심한 친구의 행동에 상처 받은 꼬미, 불편한 감정을 어떻게 표현하면 좋을까?

친구의 무심한 행동 앞에서 꼬미는 원하는 걸 잘 말하지 못하네. 싫어하는 거나 원하는 걸 친구에게 있는 그대로 표현하는 일이 쉽진 않아. 상대방의 마음을 상하게 하고 싶지 않아서 그럴 거야. 그래도 자신이 상처 받는 상황에서까지 말 한마디 못 하는 일은 없어야 해.

특히 상대방을 배려하지 않고 자기 마음대로 하는 경향이 있는 친구에게는 말하기 힘들어도 정확하게 말해야 해. 가끔은 꼭 말로 해 줘야 상대방의 감정을 아는 친구도 있거든.

갈등을 일으키지 않으려고 마음에 쌓아 두는 게 해결책은 아니야. 참고 또 참다 보면 그게 쌓인 채로 눌려 있다가 비슷한 일에 그 감정이 빵 터질 수 있어. 증기로 꽉 찬 압력밥솥처럼 말이야. 압력밥솥이 천천히 김을 빼내는 것처럼 우리도 조금씩 감정을 뱉어 낼 수 있어야 하지.

마음 체크 친구에게 무시당했다고 생각이 들면 내 행동은?

☐ 속상하고 슬프지만 어떻게 해야 할지 몰라 그냥 둔다.
☐ 나도 똑같이 무시해 준다.
☐ 처음엔 참다가 어느 순간 버럭 화를 낸다.

 무심한 친구 때문에 당황했을 때 네 마음을 무시하지 마. 혼자 끙해 있지 말고 있는 그대로 입장을 설명하자.

남에게 상처 주지 않는 것도 중요하지만 다른 사람에게 상처 받지 않는 것도 중요해. 왜냐면 너 자신도 아주 소중한 사람이거든. 그냥 두면 속상할 만큼 불편한 일이 생겼을 땐 친구에게 표현해야 해. 이때 화내지 않고, 비난하는 말투가 되지 않게 하는 게 중요하겠지? 또박또박 분명하게! 이게 우리가 스스로를 지킬 수 있는 방법이야.

친구가 내 비밀을 다른 아이에게 소문냈어요

마음을 챙겨요

숨기고 싶던 이야기가 퍼져서 속상한 그루, 비밀을 소문낸 친구에게 뭐라고 말할까?

친구가 자신의 얘기를 허락도 없이 마구 소문내서 그루가 당황했겠는걸. 소문낸 친구들은 되레 서로 상대방이 잘못했다고 싸우고 말이야. 정말 감정이 소용돌이칠 상황이네.

왜 어떤 친구는 비밀이라고 한 얘기를 굳이 다른 친구에게 전할까? 그런 친구는 비밀이 중요하다고 생각을 못 하는 것 같아. 그래서 사실을 말한 건데 뭐가 문제냐고도 하겠지.

이런 상황이 닥치면 친구들의 상황을 이해해 줄 수만은 없어. 왜냐면 이 일로 너는 너무나 마음이 상했을 테니까. 친구들이 잘못한 점을 꼭 짚어 주고 사과를 받자.

자, 누군가한테 비밀을 이야기할 때에는 무척 신중해야 한다는 교훈을 얻었지? 다음부터는 상대방이 내 비밀을 지켜 줄 수 있는 사람일지 한 번 더 생각하고 말하기로 해.

마음 체크 반 친구들에게 내 비밀이 퍼졌을 때 기분은?

☐ 당황스럽고 창피해서 학교에 가고 싶지 않다.
☐ 소문낸 친구를 반 친구들 앞에서 망신 주고 싶다.
☐ 그 이야기를 꺼낸 자신을 탓한다.

 **비밀 이야기는 믿음을 쌓은 친구에게만!
믿었던 친구가 그랬다면 이유를 들어 보자.**

평소 다른 사람 이야기를 잘 전하는 친구라면 비밀 이야기는 하지 않는 게 좋겠어. 혹시 믿었던 친구가 멋대로 네 이야기를 소문냈다면 한번은 물어보자. 아무한테도 말하지 말라고 부탁했는데 왜 이야기했는지 말이야. 그리고 약속을 어긴 것에 대해 꼭 사과를 받자.

친구에게 항상 나만 양보하는 것 같아요

마음을 챙겨요

매번 배려만 받길 바라는 친구에게 딱 부러지게 행동하는 방법은 뭘까?

어휴, 별난이는 나름대로 많이 양보했는데 뭉게는 부탁 한 번을 안 들어주고 너무 속상했겠다. 친구한테 양보하는 마음이 얼마나 큰 배려인데…….

사소한 배려에도 진심으로 고마워하고 도움이 필요할 때 기꺼이 도와주는 친구가 있는가 하면, 그 마음이 그렇게 소중한 마음인지 미처 알아채지 못하는 친구도 있어. 때로는 자신이 받는 양보나 배려는 당연하고 자신이 남에게 해 주는 배려는 대단하다고 착각하는 사람도 있지.

사람마다 마음의 그릇이 참 달라. 사랑을 많이 담고 많이 내주는 사람이 있고, 사랑을 많이 받아도 조금밖에 못 내놓는 사람도 있어. 그건 상대방을 경험해 봐야 알아서 미리 알 수는 없지만, 늘 네가 양보한 만큼 양보받지 못한다면 부드럽게 서운한 마음을 표현해 봐도 좋겠어.

마음 체크 친구가 내 배려와 양보를 당연하게 여기면?

☐ 너무 서운하지만 친구에게 아무 말도 못 한다.
☐ 이제 친하게 지내지 말아야겠다고 생각한다.
☐ 내가 손해 본 게 억울해서 잠이 안 온다.

 **친구 사이지만 배려가 공평하지 않을 수 있어.
관계의 저울이 기울어서 불편해졌다면 잠시만 거리를 두자.**

네가 친구를 도와준 만큼 친구가 널 도와주지 않을 땐 잘 생각해 봐. 좀 무심한 성격이지만 다른 면에서 친절하다면, 지금처럼 관계를 유지할 수 있을 거야. 하지만 너만 너무 배려하면서 관계의 저울이 기울었다면 어떡할까? 그럴 땐 그 친구한테만 너무 맞추지 말고 둘 사이 거리를 조정해 보자. 그 거리를 유지하면서 서로 더 배려하는 기회를 만들어 보면 좋겠어.

친구가 장난치는 걸 못 참겠어요

마음을 챙겨요

짓궂은 장난 때문에 기분이 상한 멍이, 어떻게 친구의 장난을 멈출 수 있을까?

친구들끼리 이런 일 흔하지? 싫다고 했는데도 쫓아다니면서 장난을 거는 친구가 꼭 있어. 멍이만 봐도 그래. 멍이는 정말 화가 많이 났는데 머풀이 혼자 즐겁잖아. 이건 놀이도 아니고 친해지려고 하는 행동도 아니지. 상대방을 괴롭게 하는 일이니까.

이렇게 눈치 없이 계속 심한 장난을 치는 친구들은 그 행동이 재미있기 때문에 나쁜 게 아니라고 생각할 때가 있어. 기분 나쁘다는 상대방의 말을 잘 알아차리지 못하기도 하고 말이야.

이럴 땐 어떻게 해야 할까? 계속해서 화를 내자니 속 좁아 보일 것 같고, 그냥 두자니 너무 스트레스 받는다고? 다른 사람에게 어떻게 보일지 생각하느라 네 스트레스를 그냥 방치하면 안 돼. 그 감정이 곪아서 친구와 엉뚱한 방향으로 갈등을 일으킬 수 있어. 그러니까 꼭 분명하게 이야기하고 넘어가자.

마음 체크 내가 싫다는데도 친구가 자꾸 장난을 치면?

☐ 그냥 무시한다.
☐ 하지 말라고는 하지만 자리를 피해 버린다.
☐ 욱해서 화내지만 금세 잊어버린다.

 **욱해서 화만 내지 말고,
진지하고 확실하게 이야기한 뒤에 어른들 도움도 청하자.**

상대방 기분은 아랑곳하지 않고 장난만 치는 친구에게 잠깐씩 욱하는 걸로는 부족해. 그 친구는 그냥 관심을 끌었다고만 생각할 수 있거든. 이런 상황에서는 "기분 나빠." 정도의 표현보다는 조금 더 강한 표현이 필요해. 흔히 정색한다고 하지? 다시 그 행동을 하지 않겠다고 다짐도 받아야지. 그래도 해결되지 않으면 선생님이나 어른들에게 도움을 요청해야 해.

3장

친구에게 너무 매달리게 돼요

내 단짝이 다른 친구랑 놀면 너무 싫어요

마음을 챙겨요

좋아하는 친구가 자기하고만 놀길 바라는 그루의 마음이 잘못된 걸까?

그루는 절친 달록이가 너무 좋아서 둘이서만 놀고 싶었구나. 그런데 달록이가 다른 친구와도 두루두루 놀고 싶어 하니 불안했던 거고.

사실 그건 자연스러운 감정이긴 해. 어떤 친구랑 친해지면 그 친구랑 뭐든 함께하고 싶고 다른 친구랑 친해 보이면 질투도 나곤 하잖아. 그런 마음은 누구에게나 생길 수 있어.

그렇지만 모든 걸 너하고만 하자고 조르는 건 친구에게 부담이 될 수 있어. 친구가 네 일정을 무시하고 계속 같이 놀자고 강요할 때 어떤 기분일지 떠올려 보면 이해가 갈 거야.

단짝 사이를 잘 유지하려면 친구를 존중해 줘야 해. 친구가 생각하는 단짝의 모습은 너와 다를 수 있어. 그 다름을 인정해 줄 필요가 있다는 거지. 당연히 친구 또한 너를 존중해 줘야겠고. 그래야 건강한 관계가 될 수 있어.

마음 체크 절친이라면 어디까지 함께해야 할까?

☐ 당연히 절친끼리만 놀아야 한다.
☐ 우리 사이에 절대 비밀이 있으면 안 된다.
☐ 절친이라면 뭐든 해 줄 수 있어야 한다.

 **서로를 존중할 때 편안한 신뢰가 쌓여.
그때 진짜 절친이 될 수 있을 거야!**

서로 좋아하는 건 뭔지 싫어하는 건 뭔지 알고 편안하게 함께할 수 있게 배려하면 저절로 신뢰가 쌓여 갈 거야. 이런 걸 존중한다고 말해. 사람마다 친구를 받아들일 수 있는 마음의 거리가 다르니 그만큼만 다가가는 것도 서로 지켜야 할 예의야. 그게 절친 관계의 핵심이란다.

2

답장을 늦게 하는 친구가 너무 신경 쓰여요

마음을 챙겨요

연락이 잘 안 되는 친구에게 화내기 전에 생각해 봐야 할 건 무엇일까?

멍이는 하태가 휴대폰 문자에 답을 빨리 보내지 않아 늘 답답했나 보구나. 그런데 하나 생각해 봐야 할 게 있어. 바로 너는 모르는 친구의 사정이야.

어떤 사정이 있을까? 학원에 갔을 수도 있고, 엄마나 아빠랑 이야기 중이었을 수도 있어. 동생을 돌봐야 했을 수도 있고, 다른 게임을 하고 있었을 수도 있고.

이런 예를 하나하나 드는 이유는, 그 친구에게 여러 역할이 있다는 이야기를 하고 싶어서야. 친구의 역할뿐만 아니라 아들이나 딸, 동생, 형이나 언니, 학생, 게임 구성원 등 상황과 장소에 따라 다 다른 역할이 있는 거지. 그러니 실시간으로 네 친구 역할만 할 수는 없어.

물론 이런 상황을 미리 설명해 줬으면 갈등이 없었겠지만 그러지 못할 때도 있잖아. 그럴 땐 그 친구의 다른 역할을 생각하면서 이해해 보면 어떨까? '다른 일이 있었나 보네.' 하고 말이야.

마음 체크 친구가 문자를 읽고 답하지 않을 때 내 기분은?

☐ 무시당한 것 같아 기분 나쁘다.
☐ 제때 휴대폰을 보지 않는 친구가 답답하게 느껴진다.
☐ 하고 있는 일에 집중이 안 될 정도로 걱정된다.

 **친구에게는 친구만의 사정이 있을 수 있어.
반복해서 연락이 잘 되지 않는 친구에게는 다른 방법을 쓰자!**

친구에게 서운한 네 마음을 무시하고 무조건 친구만 이해하라는 건 아니야. 네가 그만큼 그 친구를 중요하게 생각하고 있다는 뜻이니 서운한 감정은 표현해도 돼. 대신 되도록 약속은 미리미리 잡고, 문자보다는 직접 전화해서 이야기하는 등 다른 방법을 쓰면 오해를 줄일 수 있을 거야.

3
친구가 어디서 뭐 하는지 모르면 답답해요

마음을 챙겨요

친구가 무얼 하는지 모두 알고 싶던 뭉게는 그 궁금증이 풀리면 편안해질까?

아무리 뭉게가 새미의 모든 일정을 함께해도 뭉게는 마음이 편안하지 않을 것 같아. 함께 사는 가족에게도 각자의 시간은 있기 마련인데 심지어 따로 사는 친구의 하루를 어떻게 다 알 수 있겠어?

어떤 친구를 좋아하게 되면 함께하고 싶은 것도 많고 궁금한 것도 많아져. 친해진 지 얼마 안 됐을 때에는 더 그럴 수 있지. 친해지면 친해질수록 더 그럴 수도 있고.

하지만 우리 모두 각자의 생활이 있어. 각자 집에서 생활하는 방식도 다르고 일정도 다르지. 같은 학원을 다니면 일과가 비슷해질 순 있지만 그렇다고 하루 전체를 함께하는 건 아니잖아.

친구에게 자꾸 연락해서 어딨는지 묻고 뭐든지 함께하자고 하면 친구가 좀 버거워할 수 있어. 조금씩 속도를 조절해 보면 어떨까?

마음 체크 친한 친구와 떨어져 있을 때 불안해서 이런 적이 있다?

☐ 뭐 하고 있는지 너무 궁금해서 계속 문자를 보낸다.
☐ 친구 집에 무작정 찾아간다.
☐ 친구와 하루 일정을 똑같이 맞춘다.

 **친구와 친해지고 싶어서 관심을 갖는 건 좋아.
하지만 지나치면 네 마음이 힘들 수 있어.**

친구랑 떨어져 있을 때 답답함까지 느낀다면 무작정 그 친구에게만 몰입하지 말고 잠시 다른 쪽으로 마음을 돌려 보자. 아이돌도 좋고, 취미 활동도 좋아. 왜냐면 생각의 중심이 너 자신이 아니라 친구에게만 쏠리면 너도 모르게 점점 마음이 힘들어질 수 있기 때문이야. 그러니 친구를 사귈 땐 천천히 거리를 좁혀 가자. 그러다 보면 자연스럽게 함께하는 일들이 많아질 거야.

친구에게 뭐든 다 주고 싶은데 친구가 부담스러워해요

 마음을 챙겨요

좋아하는 마음을 표현하는 방법이 선물밖에 없었을까?

그루가 모처럼 단짝을 삼고 싶은 친구를 만나서 이것저것 선물을 주고 싶나 보네. 그런데 달록이는 갑작스러운 선물이 조금 부담스러운가 봐. 둘 사이에 관계의 박자가 조금 엇갈리는 것 같지?

친구랑 사귈 때 관계를 이어 나가는 방식이나 박자가 딱딱 맞으면 정말 재미있어. 찰떡궁합이라는 말처럼 급속도로 친해지곤 하지. 그런데 그렇게 박자가 맞긴 쉽지 않아. 네가 빠르게 다가가면 친구가 뒤로 물러날 수도 있고, 반대로 친구가 직진해서 네가 물러날 수도 있지.

특히 선물로 마음을 표현할 때에는 한 번 더 생각해 봐야 해. 특별한 날도 아닌데 무작정 선물 공세를 하는 건 좋은 방식이 아니야. 상대방 입장에서는 당황스러울 수 있거든. 물건이 아니라 다른 방식으로 마음을 표현할 수도 있지 않을까? 내 마음을 듬뿍 담아도 친구가 부담스러워하지 않을 표현 방식을 함께 고민해 보자.

마음 체크 너무나 친해지고 싶은 친구 앞에서 내 모습은?

☐ 이 친구가 뭘 좋아할까 관찰한다.
☐ 내가 가진 걸 다 주고 싶다는 마음이 든다.
☐ 잘해 주고 싶은데 방법을 몰라서 답답하다.

 물건으로만 마음을 표현할 수 있는 건 아니야. 다른 방식으로 호감을 표현해 보자.

친구에게 일방적으로 선물만 주기보다는 서로 안부를 챙기고, 좋아하는 것에 관심을 보여 주는 방식으로 천천히 마음을 표현해 보면 어떨까? 친구가 도움이 필요할 때 도와주고, 힘들어할 때 위로하면서 좋은 관계를 이어 갈 수도 있어. 물론 기념일에 서로 작은 선물을 주고받는 것 정도는 괜찮으니까 그 전에 마음을 쌓아 보자.

친구와 멀어지는 것 같아 불안해요

마음을 챙겨요

다른 반이 되면 가장 친한 친구랑도 멀어지게 되는 걸까?

바우가 학년이 바뀌면서 가장 친한 친구랑 다른 반이 되었나 보네. 정말 서운했겠다. 게다가 복도에서 마주쳐서 반갑게 인사했더니 다른 친구랑 이야기하느라 듣지도 못하고, 학교 끝나고 놀자니까 다른 친구랑 약속이 있다고 하니 화가 났구나. 이젠 사이가 예전 같지 않은 느낌이라 속상했을 거야.

이런 감정은 학년이 바뀔 때 친구들이 많이 겪는 일이야. 익숙해질 때까지 조금 시간이 필요해. 친구와 같은 반일 때만큼 많은 시간을 같이 보낼 수 없다는 걸 받아들여야겠지. 친구에게 다른 새로운 친구가 생길 수 있다는 것도! 물론 너에게도 새로운 친구가 생길 수 있고.

그럼 친구 사이가 아예 틀어지는 거 아니냐고? 그렇지 않아. 그 친구와 보낼 시간들을 만들려고 노력하면 계속 친한 친구로 지낼 수 있을 거야.

마음 체크 친구와 다른 반이 됐을 때 가장 섭섭했던 일은?

☐ 친구에 대해 내가 모르는 게 많아진 걸 느낄 때
☐ 친구네 반에 찾아가도 다른 친구랑 노느라 바빠 보일 때
☐ 나를 찾는 일이 점점 뜸해질 때

 **관계의 거리는 언제나 변할 수 있어.
대신 배려와 노력으로 거리를 좁힐 수는 있지!**

친구랑 반이 달라지거나 학원이 달라져서 멀어져도 계속 친한 친구로 지내려면 조금 노력이 필요해. 만나는 횟수는 줄지만 한번 만날 때 더 신나고 재미있게 놀면 그 기억이 오래가겠지? 함께 노는 시간의 양보다 질을 높이는 거지. 서로 가능한 날짜를 이야기하고 약속을 정하는 것도 배려하는 방법이야. 소중한 관계 잘 이어 나가길 바랄게!

다른 일보다 친구가 하자고 하는 일이 더 중요해져요

 마음을 챙겨요

친구들과 놀고 싶어서 할 일은 뒷전이 된 머풀이는 어떡하면 좋을까?

머풀이가 엄마한테 혼나서 많이 속상했겠다. 친구들 사이에서 소외될까 봐 그랬던 마음을 엄마가 알아주지 않아서 섭섭했을 수도 있어. 그런데 동생을 혼자 내버려두고 가서 위험할 수도 있었잖아? 엄마로선 충분히 주의를 주실 만한 일이지.

친구들이 우선순위인 건 네 나이에 자연스러운 생각이야. 친구랑 노는 게 재미있으니까 다른 건 미뤄 두고 빨리 같이 놀고 싶어지지. 그 마음을 모르는 건 아니지만 네가 할 일을 먼저 하는 게 더 중요해. 다 논 뒤에 미뤄 뒀던 일이 몰려오면 더 괴로워지거든. 그런 일이 반복되면 매일 끝이 안 좋겠지?

그리고 평소 약속을 잘 지키고 공부나 학교 활동 같은 네가 해야 할 일을 잘 해낸 경험은 스스로를 무척 괜찮은 사람이라고 느끼게 해 줘. 그러니까 갑작스럽게 친구가 놀자고 제안하면 참는 경험도 해 보자. 이런 경험은 성장하는 데 꼭 필요한 부분이거든.

마음 체크 친구가 갑자기 놀자고 할 때 내 행동은?

☐ 그때 내가 해야 할 일은 떠오르지 않고 무조건 알겠다고 한다.
☐ 생각해 보겠다고 말은 하지만 몸은 이미 따라가고 있다.
☐ 이러지도 저러지도 못하고 조바심만 든다.

 친구보다 '내 일'을 우선한다고 친구 관계가 틀어지진 않아. 자기 자신을 위한 우선순위를 새로 세우자.

친구가 놀자고 했을 때 거절하면 다시 기회가 없을 것 같고 인기도 떨어질 것 같아? 하지만 한두 번 거절한다고 관계가 틀어지진 않아. 네가 해야 할 일을 먼저 챙기고 친구와도 잘 놀아야 멋진 친구지. 그렇게 했을 때 자기 자신을 소중히 하는 마음도 더 단단해질 거야.

마음을 챙겨요

거짓말로 빨리 친해질 수 있다고 생각한 멍이 하지만 친구 관계가 계속될 수 있을까?

멍이는 좋아하는 친구랑 공통 관심사가 없다고 생각했나 보네. 친구가 좋아하는 걸 멍이도 좋아하는 척해 버렸구나. 같은 걸 좋아하면 빨리 친해질 수 있는 건 맞아. 그런데 좀 걱정되는 부분이 있네.

멍이랑 비슷한 방식으로 친구를 사귄다면 꼭 알아야 할 게 있어. 거짓말은 어떤 순간에도 관계에 도움이 되지 않는다는 거야. 잠시 관심은 끌 수 있겠지만 시간이 지나면 그 친구도 거짓말이라는 걸 눈치챌 가능성이 높아. 그러면 이제 널 믿기 어렵다고 생각할 텐데 정말 좋은 친구로 남기는 어렵겠지?

거짓말까지 하는 건 스스로에게도 좋은 일이 아니야. 들킬까 봐 조마조마하다 보면 그 생각 때문에 정작 중요한 걸 놓칠 수 있어. 친구 관계에서 가장 중요한 게 신뢰이고, 그보다 나와 친구 사이의 균형이 중요해. 거짓말로 관계를 시작하면 나중엔 네 중심이 흔들릴 수 있다는 것 잊지 마!

마음 체크 너무너무 친해지고 싶은 친구에게 다가갈 때 내 모습은?

☐ 친구가 좋아하는 거라면 무작정 같이 좋아한다.
☐ 친구의 말투나 행동을 무조건 따라 한다.
☐ 무조건 친구가 하고 싶은 쪽으로 선택한다.

 **거짓말로 시작한 친구 사이가 건강하게 이어질까?
솔직하게 다가갔을 때라야 단단한 사이가 될 수 있어!**

거짓말로 좋아하는 척하지 말고, 그 친구가 좋아하는 일에 솔직하게 관심을 보이면 어떨까? 질문을 하면서 자연스럽게 대화할 수도 있잖아. 아마 친구 입장에서는 그런 점이 더 감동적일걸. 처음엔 더디게 친해지는 느낌이라도 진실한 모습으로 다가가야지 관계가 더 단단해지고 오랜 친구로 남을 수 있어.

4장
친구를 사귀고 싶지 않아요

혼자 노는 게 제일 편해요

마음을
챙겨요

친구가 함께 놀자고 해도
혼자 있고 싶은 바우는 문제가 있는 걸까?

바우가 혼자 조용히 시간을 보내고 싶었나 보다. 혹시 너도 바우처럼 혼자 있고 싶을 때가 있었어?

이렇게 혼자 있는 시간을 더 즐기는 친구들에는 두 가지 경우가 있어. 하나는 다른 사람들이랑 어떻게 어울려야 할지 몰라서 에너지를 많이 쓰니까 피하는 경우야. 진짜 마음은 다른 사람과 어울리고 싶은데도 말이지. 다른 하나는 타고난 성향이 혼자 시간을 보내는 걸 좋아하는 경우야.

이 두 가지 경우 중 넌 어느 쪽인지 한번 생각해 보자. 친구와 어떻게 어울려야 할지 몰라서 혼자를 고집하는 거라면 주변 어른들의 도움을 받아서 친구와 어울리는 연습을 해야 해. 그런데 정말 혼자 노는 게 좋고, 혼자 있을 때 더 에너지가 채워진다면? 그건 그대로도 괜찮아! 사람들과 어떻게 관계를 맺고 얼마만큼 친하게 지낼지는 스스로 결정하는 거니까.

마음 체크 혼자 있는 게 더 편하다면 그 이유는?

☐ 좋아하는 일을 하는 데 방해받지 않아서 좋다.
☐ 다른 사람을 신경 써야 하는 부담이 없다.
☐ 뭐든 내 맘대로 할 수 있다.

 **혼자만 놀고 싶은 건 괜찮아.
그렇더라도 함께 어울리고 싶어 하는 친구를 배려하자.**

혼자 놀고 싶어 하는 너를 친구들이 존중해 주길 바라듯, 같이 어울리고 싶어 하는 친구 또한 존중해 주면 어떨까? 자칫하면 친구는 자기를 싫어해서 거절한다고 오해할 수 있잖아. 같이 놀자고 손 내민 친구가 상처 받는 건 너에게도 속상한 일이니까. 네 입장에서 거북한 놀이가 아니라면 친구랑 소통하며 노는 시간을 가져 보는 것도 좋을 거야.

2

친구들 행동이 이해가 안 갈 때가 있어요

마음을 챙겨요

우르르 몰려다니는 친구들이 유치해 보이는 은비가 정말로 이상한 걸까?

　은비처럼 우르르 몰려다니며 노는 또래 친구들을 보면서 유치하다고 생각하는 친구가 가끔 있어. 같이 어울리고 싶지 않아서 그 친구들과 거리를 두기도 하고. 그러면서도 한편으로는 '저 친구들처럼 노는 게 나만 재미없나? 친구들을 이상하게 생각하는 내가 이상한가?'라고 걱정하는 것 같아.

　취향에는 옳은 것도 그른 것도 없어. 각자 생각하는 방식이 다르기 때문이지. 사람마다 재미있는 게 다르고 좋아하는 게 다 다른데 많은 사람이 좋아하고 재미있어 한다고 꼭 좋아해야 하는 건 아니잖아?

　여기서 중요하게 생각해 볼 게 있어. 친구들의 취향을 좋아할 필요도 없지만, 그렇다고 티 나게 무시해서도 안 된다는 거야. 아무리 네 눈에 친구들이 유치하게 보여도 눈살 찌푸리는 행동은 하지 않는 게 좋겠어.

마음 체크 친구들을 보고 시시하다고 느낄 때 내 모습은?

☐ 상관하지 않고 고개를 돌린다.
☐ 유치하다고 말하며 면박을 준다.
☐ 무시하는 눈빛으로 빤히 쳐다본다.

 **저마다 노는 방식이 다른 거지, 틀린 건 아니야.
나의 취향도, 친구의 취향도 존중하자.**

친구들 사이에서 유행하는 것들에 관심이 없을 수 있고, 대부분의 친구들이 재미있다고 생각하는 놀이에 시큰둥할 수 있어. 그건 이상한 게 아니라 남들과 취향이 다른 것뿐이지. 혼자만 다르다고 걱정하진 마. 세상에 완전히 혼자만 특별한 사람은 없어. 네가 좋아하는 일에 집중하다 보면 언젠가 취향이 비슷한 친구를 만날 수 있을 거야. 그러니까 너도 주변 친구들을 보면서 이상하고 재미없다 생각하지만 말고 존중해 주자.

어른들이 자꾸 친구와 어울리라고 강요해서 짜증 나요

마음을 챙겨요

꼬미는 혼자 노는 자신을 걱정하는 아빠에게 뭐라고 하면 좋을까?

모처럼 여럿이 캠핑을 갔는데 꼬미가 혼자 노는 모습을 보니 아빠 마음이 불편했나 봐. 꼬미는 정말 혼자만의 시간을 즐기고 있었는데 아빠는 꼬미가 친구들을 불편해한다고 오해한 듯해.

모든 아이들은 친구들과 서슴없이 친하게 지내야 한다고 생각하는 어른들이 있어. 그래서 꼬미네 캠핑 날처럼 또래 아이들을 모아 놓으면 자연스럽게 친해질 거라고 기대하기도 해. 그 안에서 어울리지 못하면 걱정하기도 하고 말이야.

낯선 친구들과 빨리 사귀어야만 사회성이 좋은 건 아니야. 아주 틀린 말은 아니지만, 꼭 그런 건 아니지. 친구를 사귀는 속도는 사람마다 모두 다르니까.

그리고 네가 걱정된다고 부모님이 네 생각이나 기분을 무시해도 되는 건 아니야. 부모님이 동의하지 않는다고 해도 네 생각을 명확하게 이야기할 수 있어야 해. 생각을 한번 정리해 볼까?

마음 체크 어른들이 자꾸 친구를 만들어 주려고 할 때 내 마음은?

☐ 어른들의 강요가 불편해서 더 서먹해진다.
☐ 되레 그 친구와 놀고 싶지 않아 외면한다.
☐ 강요하는 분위기에 몰려 몸이 움츠러든다.

 **아무리 부모님이라도 네 생각을 모를 수 있어.
그 순간 혼자인 게 좋은 이유를 조목조목 설명하자.**

부모님이 혼자 있는 널 보고 너무 걱정한다면, 네가 그 시간 동안 얼마나 즐거웠는지 이야기해 주자. 요즘 친하게 지내는 친구 이야기도 해 주면 좋을 거야. 요즘 친구 관계에 만족하고 있다고 분명하게 이야기하면 부모님도 더 이상 친구를 못 사귀고 있다고 오해하진 않겠지?

4
여러 친구랑 어울리는 건 너무 힘들어요

 마음을 챙겨요

여럿이 노는 게 너무 어려운 은비, 이 상황만 피하면 해결될까?

　은비가 여러 친구랑 놀고 나면 힘이 쭉 빠지는 스타일인가 보다. 단짝 친구랑 단둘이 어울리는 걸 즐기나 보네. 오늘 인라인스케이트 수업은 은비에게 무척 힘들었겠는데?

　은비처럼 많아야 한두 사람과 시간을 보낼 때 에너지를 충전할 수 있는 사람 있지? 반대로 여러 사람과 왁자지껄 놀 때 에너지가 채워지는 사람들도 있어. 사람마다 성격이나 취향이 다 다르지만 어떤 성향이 더 좋다고 말할 수는 없어. 자기 성향에 맞게 살아가는 거지.

　살면서 여러 사람과 함께하는 상황이 아예 없을 순 없어. 사람들과 어울리는 걸 좋아한다고 해서 언제나 친구들과 있을 수만은 없는 것처럼 말이야. 그렇다면 여럿이 함께하는 활동에서 어떻게 하면 조금은 편안하게 시간을 보낼 수 있는지 한번 고민해 보자.

마음 체크 안 친한 친구 여러 명이랑 어울려야 할 때 내 모습은?

☐ 어색한 척 안 하려고 애쓰다가 집에 와서 뻗는다.
☐ 그냥 어울리지 않고 그 자리를 벗어난다.
☐ 그냥 자리만 지키고 친구들이랑 섞이지 못한다.

 **사람들이랑 함께 시간을 보내는 것도 연습이 필요해.
그리고 나서 혼자 충분히 충전하는 시간을 가져 보자.**

모둠 활동, 친구 생일 파티 등 여러 사람과 어울리는 일에서 어떻게 하면 스트레스를 덜 받을 수 있을까? 미리 마음의 준비를 할 수 있는 상황이라면 모두 모였을 때를 상상해 볼 수 있겠어. 그때 네 마음을 미리 달래는 것처럼. 갑자기 마주쳐서 대비할 수 없었다면 화장실을 간다든가 해서 틈을 만들어 보렴. 잠시 숨 고르기 하듯이 말이야.

너무 적극적인 친구는 부담스러워요

마음을
챙겨요

친구의 직진이 부담스러운 꼬미는 어떻게 속도를 조절하면 좋을까?

　와, 엄청 적극적인 친구네. 만난 지 하루밖에 안 됐는데 절친이라고 말하는 걸 보니. 그런데 꼬미랑은 온도 차이가 있어 보이는걸?

　종종 너와 친구 맺는 속도가 안 맞는 친구를 만날 수도 있어. 이럴 땐 친구의 속도에 끌려가면서 불편해하지 말고, 네 속도를 알려 주면 좋겠어. 무조건 벽을 만들고 도망가는 게 좋은 해결 방법은 아니야. 서로 맞춰 보다 보면 좋은 친구 관계로 발전할 수도 있거든.

　속마음을 말해서 오해가 생기면 어떻게 하냐고? 그래, 이야기하다 보면 오해가 생길 수도 있겠지. 하지만 아예 말하지 않고 억지로 끌려다니다 보면 사소한 행동에서 너도 모르게 감정이 드러나고 더 큰 오해가 생길 수 있어. 사소한 갈등이 두려워서 솔직하게 말할 기회를 놓쳐서는 안 되겠지?

마음 체크　너무나 적극적인 친구를 만났을 때 나의 속마음은?

☐ 부담스러워서 나도 모르게 뒷걸음질 친다.
☐ 의도를 몰라 혼란스럽다.
☐ 나는 너무 소극적이라 부럽고 고맙다.

 **가까워지는 속도를 융통성 있게 조절해야 해.
다가와 줘서 고맙다고 표현하는 것도 잊지 말자!**

천천히 관계를 다져 나가는 친구라면, 일방적으로 약속을 정하고 대답을 강요하는 친구에게서 한발 물러서고 싶어질 거야. 그럴 땐 다른 일이 있다고 말하고 다시 약속을 정해 봐. 그럼 오해할 가능성이 적겠지? 그 친구가 정말 마음에 안 들어서가 아니고 부담스러운 정도라면 말이야. 그리고 먼저 말을 걸어 주고 다가와 줘서 고맙다는 표현도 잊지 말자.

6

내가 좋아할 만한 친구가 없어요

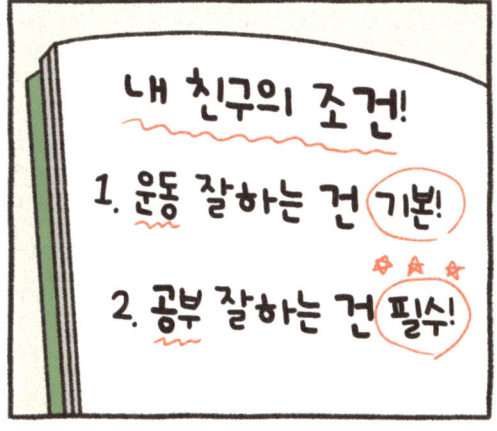
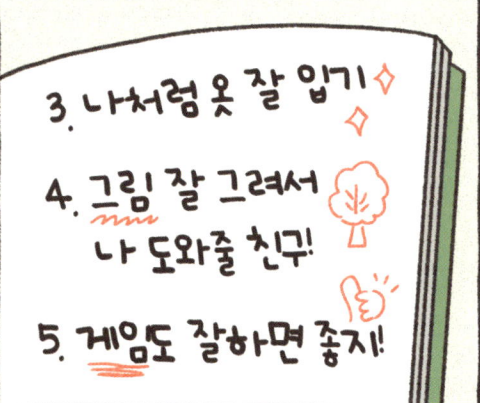

마음을 챙겨요

내 취향에 딱 맞는 친구를 고르고 싶은 새미는 좋은 친구를 찾을 수 있을까?

새미의 친구가 될 수 있는 조건이 꽤 까다롭구나. 반대로 저 조건에 새미도 해당하는지 궁금하네. 아마 겉으로 보이는 조건에 맞춰 친구를 고르다 보니 딱 맞는 친구가 없다고 느낀 걸 거야.

너는 친구의 조건이 뭐라고 생각해? 친구가 되기 위해서는 무엇보다도 '마음'이 가장 중요하지 않을까?

앞부분부터 다른 친구들 고민을 쭉 읽어 온 친구들은 잘 알 수 있을 거야. 사람은 성격, 취향, 모습, 장점과 단점까지 모두 다르다는 이야기를 나눴잖아. 모두 달라서 즐거운 거지, 완벽한 친구를 만났기 때문에 즐거웠던 건 아니었잖아?

네 마음을 먼저 생각해 주고, 함께 있으면 즐겁고, 서로 존중해 주면서 부족한 부분은 채워 줄 수 있는 친구를 만나면 정말 행복할 거야. 어른이 돼서도 서로 의지할 수 있는 평생 친구가 될지도 몰라. 그런 친구를 만날 수 있게 언제나 응원할게. 파이팅!

마음 체크 친구를 사귈 때 가장 중요하다고 생각하는 점은?

☐ 예쁘고 잘생겨야 사귀고 싶어진다.
☐ 성적이 좋아야 친해지고 싶다.
☐ 좋아하는 연예인이 같아야 말이 통할 거라고 생각한다.

 **친구는 조건만 보고 고를 수 있는 아바타가 아니야.
서로 다른 사람끼리 만나 좋은 경험을 쌓는 관계야.**

어떤 친구가 좋은 친구인지 찾는 과정은 어른이 돼서도 계속돼. 그런데 좋은 친구의 조건에 외모나 능력이 반드시 포함되지 않는다는 건 확실하게 말할 수 있을 것 같아. 그보다 서로 다른 사람끼리 만나 즐겁고 행복한 경험을 쌓아 가면 믿음도 생기고 깊은 친구 관계를 만들 수 있다는 걸 기억해 줘.

● 이 책을 추천해 주신 선생님들

강대일 화성신동초등학교 강민영 문선초등학교 고경애 문화초등학교 권예은 슬기초등학교 권유진 석림초등학교 김경인 아미초등학교 김고운 동수원초등학교 김나영 옥길버들초등학교 김민정 전주한들초등학교 김민지 호매실초등학교 김민희 하남초등학교 김선광 온양풍기초등학교 김선옥 지장초등학교 김성경 마장초등학교 김수현 연지초등학교 김연지 종촌초등학교 김은 비룡초등학교 김정현 운천초등학교 김지연 장천초등학교 김지은 양주백석초등학교 김지인 김포구래초등학교 김찬유 인천당하초등학교 김태희 과천갈현초등학교 김평화 서울신남초등학교 김현지 증평초등학교 김현진 신풍초등학교 김혜령 한울초등학교 김혜영 백성초등학교 김혜원 탑동초등학교 박경화 박달초등학교 박민주 망포초등학교 박소미 글빛초등학교 박수빈 성남화랑초등학교 박순희 보름초등학교 박시현 어등초등학교 박은경 서울목운초등학교 박주현 예솔초등학교 박채현 포남초등학교 박효주 전주효자초등학교 방미애 청수초등학교 배지은 도담초등학교 백수현 서울고원초등학교 서민정 서울장평초등학교 서유진 현암초등학교 설채원 함박초등학교 성효원 주성초등학교 송양숙 상록초등학교 안계남 심원초등학교 안시현 선운초등학교 양지혜 아라초등학교 오지수 세미초등학교 유진희 익산궁동초등학교 유혜진 옥천초등학교 윤선영 덕소초등학교 윤세미 서울반원초등학교 윤지은 운정초등학교 이보라 덕은노을유치원 이수경 석호초등학교 이순현 청리초등학교 이연화 녹양초등학교 이영주 향동숲내초등학교 이윤정 능동초등학교 이은주 포일초등학교 이인혜 한마음초등학교 이주영 도곡초등학교 이효진 관모초등학교 임다정 다문초등학교 임수연 남악초등학교 장세라 소하초등학교 장욱조 부명초등학교 전소현 만선초등학교 전소희 서정리초등학교 전지윤 부산백양고등학교 특수학급 정수빈 서울신목초등학교 정일승 광주계림초등학교 정정은 창릉초등학교 조윤아 전주기린초등학교 조현옥 소하초등학교 주민경 대전구봉초등학교 진세나 성남서초등학교 차유진 묵현초등학교 채다혜 인천중산초등학교 최수미 서농초등학교 최예지 덕천초등학교 최유정 동방초등학교 최유진 지오초등학교 하수지 대전수미초등학교 한신희 대전목상초등학교 홍영은 서울은평초등학교

초판 1쇄 발행 2024년 2월 23일
초판 7쇄 발행 2025년 9월 26일

글 김은지
그림 숫카이
펴낸이 최순영

교양 학습 팀장 김솔미
편집 고양이
디자인 꽁디자인

펴낸곳 ㈜위즈덤하우스 **출판등록** 2000년 5월 23일 제13-1071호
주소 서울특별시 마포구 양화로 19 합정오피스빌딩 17층 **전화** 02) 2179-5600
홈페이지 www.wisdomhouse.co.kr **전자우편** kids@wisdomhouse.co.kr

ⓒ김은지, 숫카이 2024

ISBN 979-11-7171-132-1 73190

- 이 책은 ㈜위즈덤하우스에서 제작, 판매하므로 무단 복제 및 전재를 금합니다.
- 이 책의 전부 또는 일부 내용을 재사용하려면 반드시 사전에 저작권자와 ㈜위즈덤하우스의 동의를 받아야 합니다.
- 인쇄·제작 및 유통상의 파본 도서는 구입하신 서점에서 바꿔드립니다.
- 책값은 뒤표지에 있습니다.
- 이 책의 사용 연령은 8~13세입니다.